HOW TO DRAW KAWAII

-Drawing book-

STEP BY STEP FOR CHILDREN AND TEENAGERS

★★★★★

Creativ'Circus thanks you for your purchase.

Please leave your impression with a comment or star so that we can improve further.

★★★★★

1
2
3
4
5
6

1
2
3
4
5
6

1
2
3
4
5
6

1
2
3
4
5
6

1
2
3
4
5
6

1
2
3
4
5
6

1
2
3
4
5
6

1
2
3
4
5
6

1 2 3 4 5 6

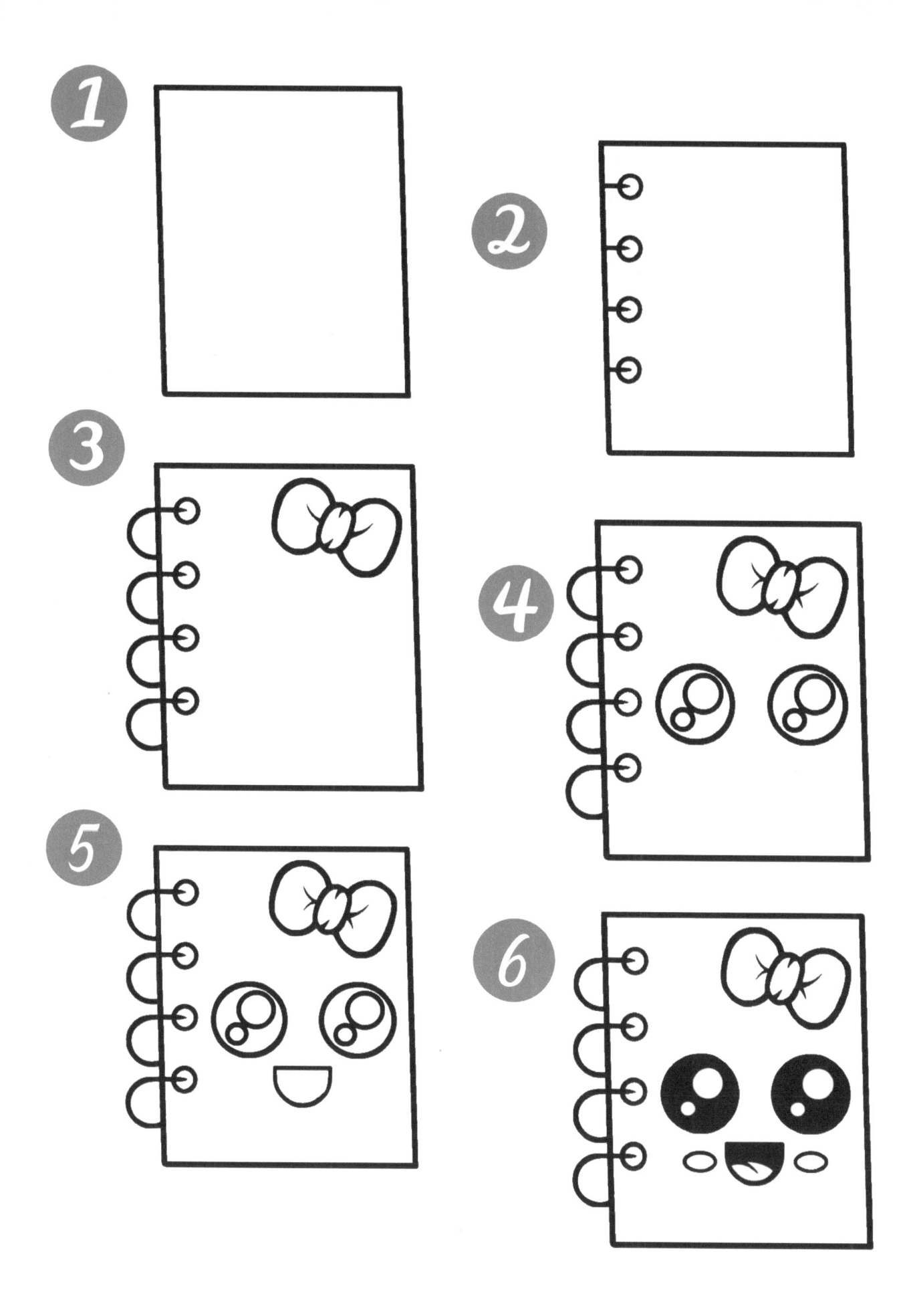

1
2
3
4
5
6

1

2

3

4

5

6

1 2 3 4 5 6

1
2
3
4
5
6

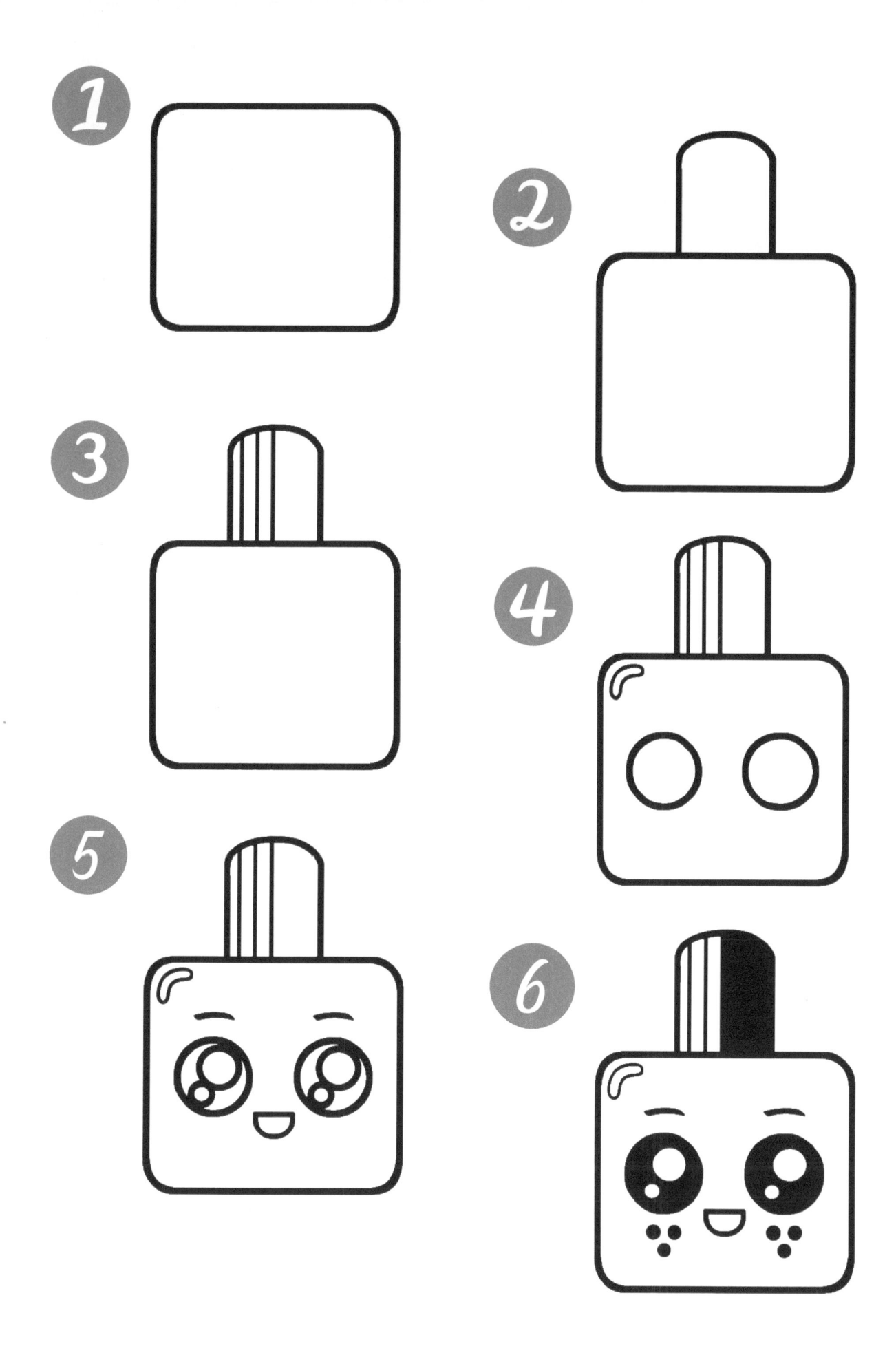

1 2 3 4 5 6

1
2
3
4
5
6

1
2
3
4
5
6

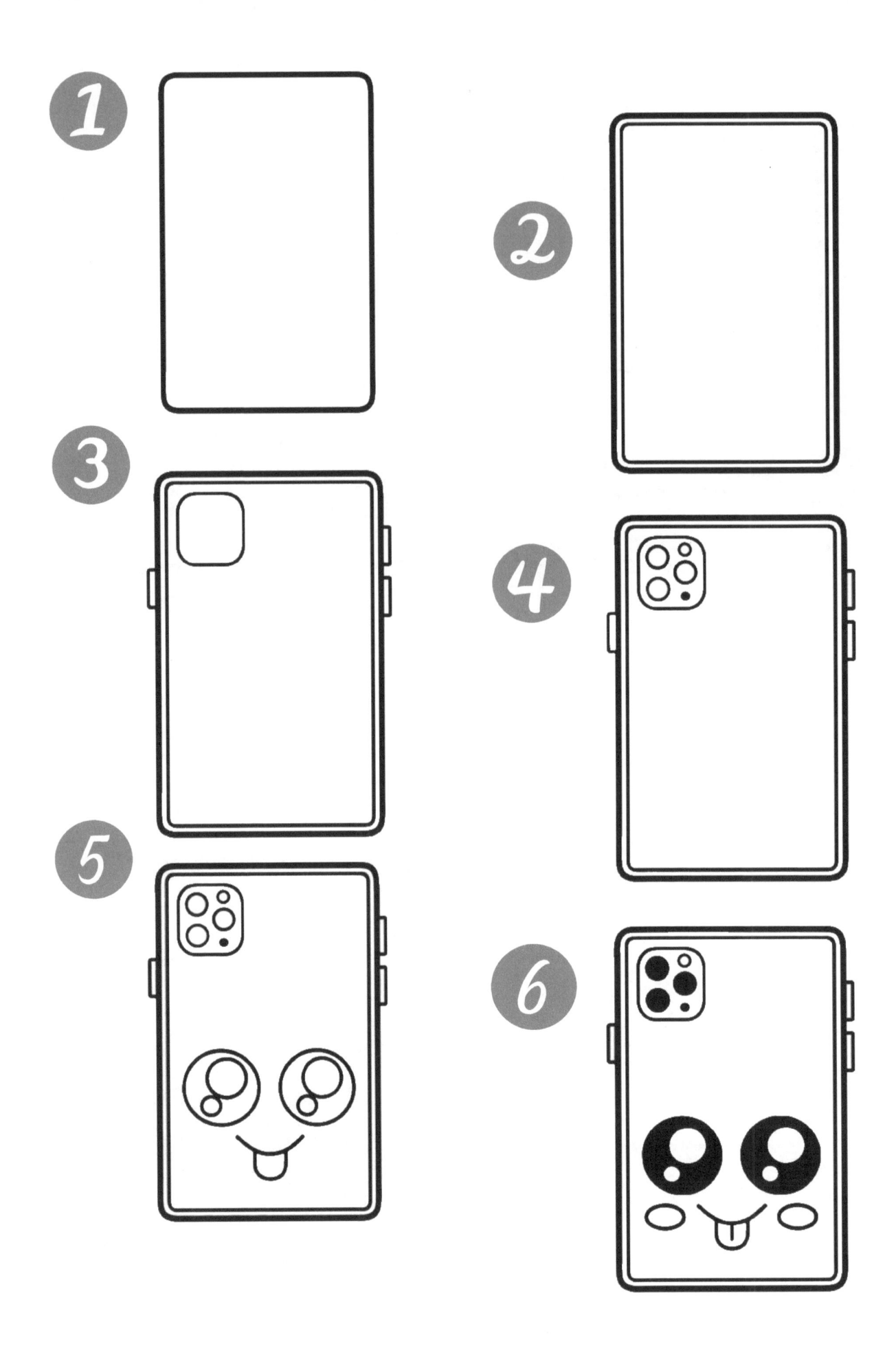

1
2
3
4
5
6

1 2 3 4 5 6

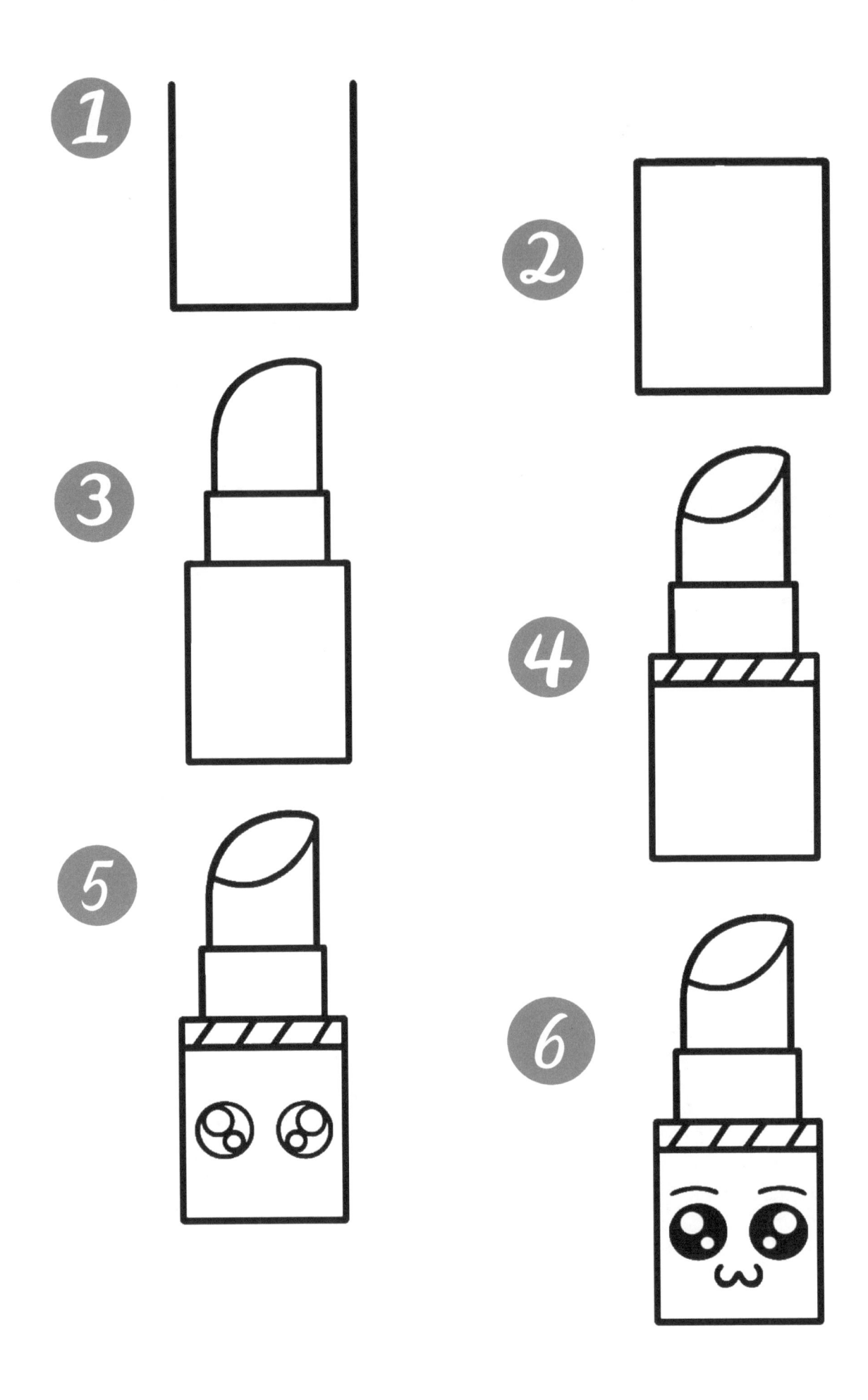

1 2 3 4 5 6

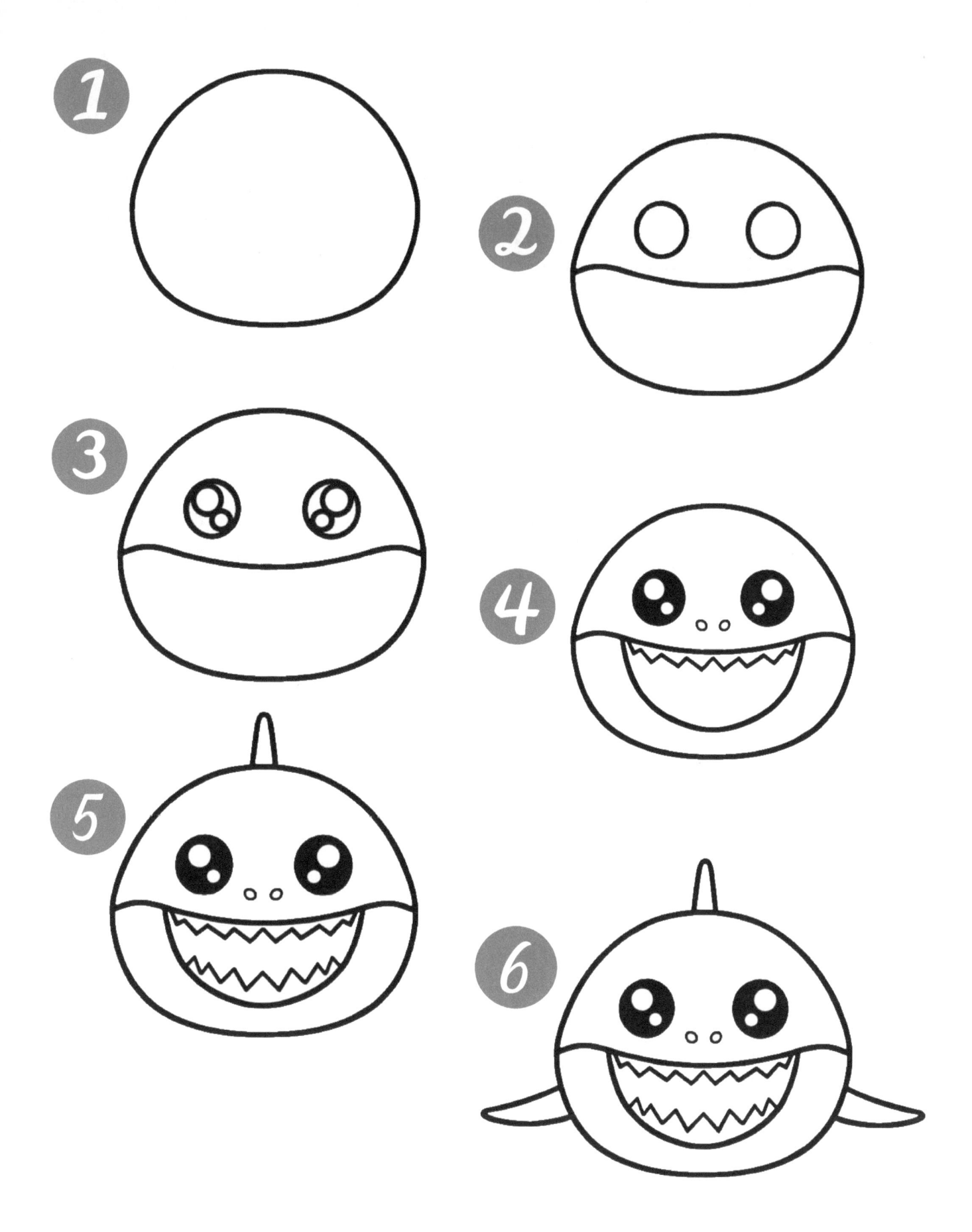

1
2
3
4
5
6

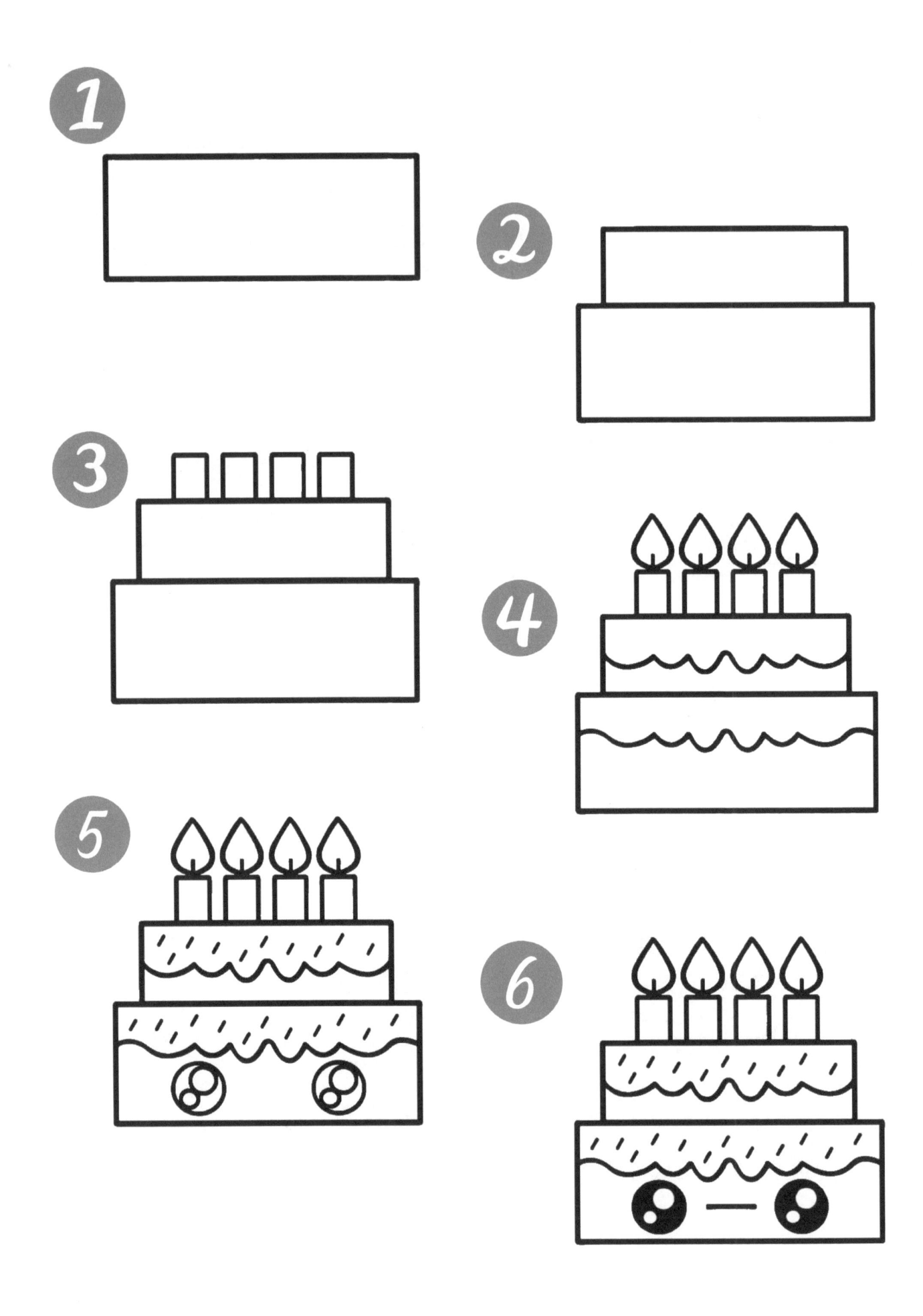

1
2
3
4
5
6

1
2
3
4
5
6

1
2
3
4
5
6

1 2 3 4 5 6

1
2
3
4
5
6

1
2
3
4
5
6

1

2

3

4

5

6

1
2
3
4
5
6

1
2
3
4
5
6

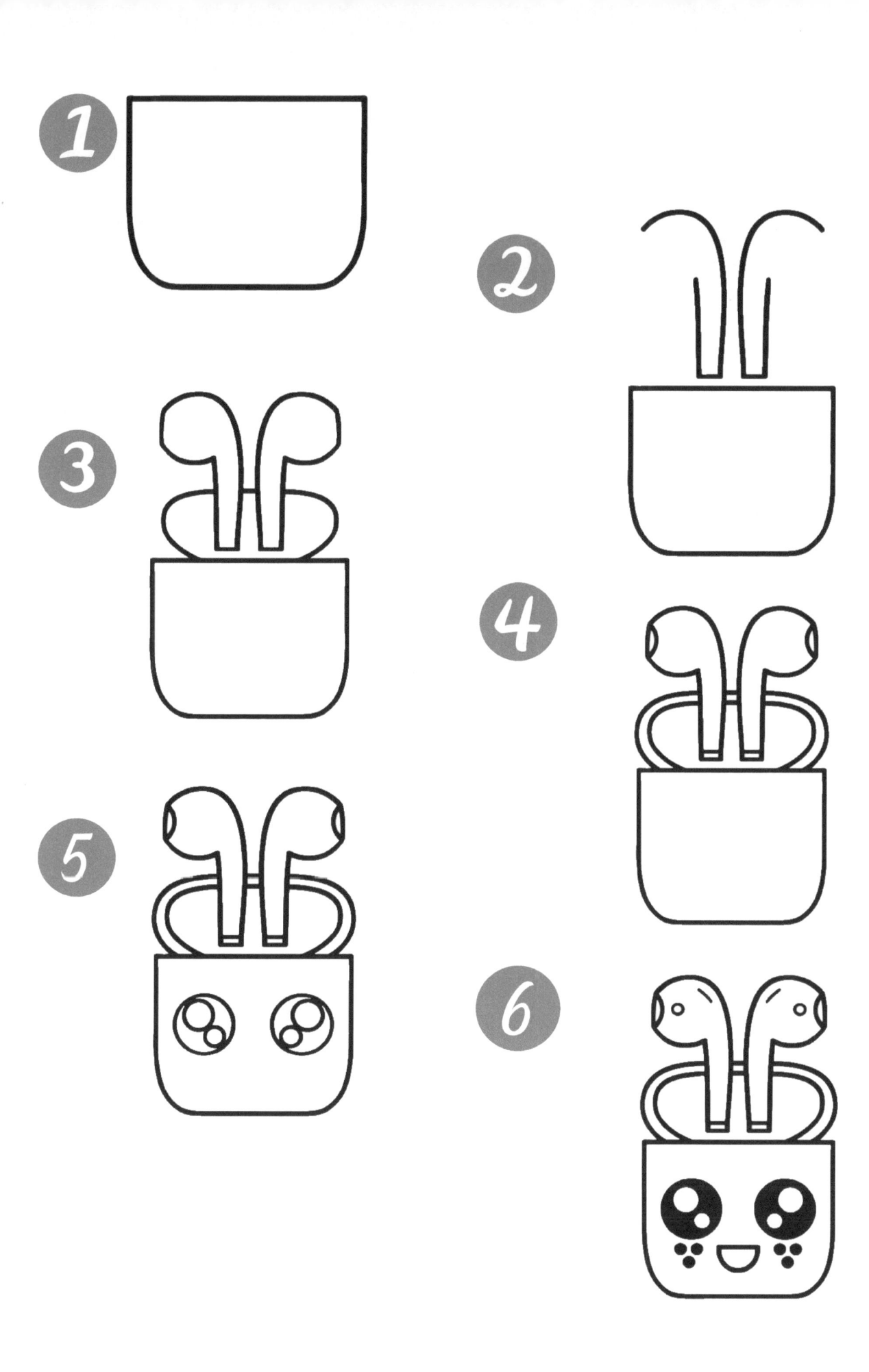

1
2
3
4
5
6

Printed in Poland
by Amazon Fulfillment
Poland Sp. z o.o., Wrocław